Lydia Prexl

Der Amerikanische Traum: Hintergrund und Kern

GRIN - Verlag für akademische Texte

Der GRIN Verlag mit Sitz in München hat sich seit der Gründung im Jahr 1998 auf die Veröffentlichung akademischer Texte spezialisiert.

Die Verlagswebseite www.grin.com ist für Studenten, Hochschullehrer und andere Akademiker die ideale Plattform, ihre Fachtexte, Studienarbeiten, Abschlussarbeiten oder Dissertationen einem breiten Publikum zu präsentieren.

Dokument Nr. V128161 aus dem GRIN Verlagsprogramm

Lydia Prexl

Der Amerikanische Traum: Hintergrund und Kernelemente

GRIN Verlag

Bibliografische Information der Deutschen Nationalbibliothek: Die Deutsche Bibliothek verzeichnet diese Publikation in der Deutschen Nationalbibliografie; detaillierte bibliografische Daten sind im Internet über http://dnb.d-nb.de/ abrufbar.

1. Auflage 2009
Copyright © 2009 GRIN Verlag
http://www.grin.com/
Druck und Bindung: Books on Demand GmbH, Norderstedt Germany
ISBN 978-3-640-34967-8

Der Amerikanische Traum: Hintergrund und Kernelemente

Hausarbeit

an der Philosophischen Fakultät der
Universität Mannheim

vorgelegt am

Lehrstuhl für Amerikanistik

Universität Mannheim

Betreuerin:

von
Lydia Prexl

10. Fachsemester Diplom-Anglistik
mit wirtschaftswissenschaftlicher Qualifikation

Mannheim, den 21. April 2009

Inhaltsverzeichnis

2

1. Der Amerikanische Traum: Einleitung

Der Begriff *American Dream* ist in seiner Bedeutung ebenso vage wie ambivalent,[1] auch wenn seine häufige Verwendung in Verbindung mit dem bestimmten Artikel ein eindeutig definiertes Phänomen suggeriert. Gleichwohl ist der amerikanische Traum wesentlicher Bestandteil der nationalen Identität und Symbol des amerikanischen Selbstverständnisses.[2] Bereits das von Thomas Jefferson in der Unabhängigkeitserklärung formulierte, gottgegebene Recht des Menschen auf "Life, Liberty, and the pursuit of Happiness"[3] kann als eine Urform des amerikanischen Traums gesehen werden, auch wenn sich der Begriff zum ersten Mal erst über 150 Jahre später bei James Truslow Adams findet.[4] Dieser spricht 1931 in seinem Buch *The Epic of America* von dem "*American dream*, that dream of a land in which life should be better and richer and fuller for every man, with opportunity for each according to his ability or achievement."[5]

Truslows Definition zufolge scheint sich der amerikanische Traum im Kern auf die Hoffnung eines besseren und glücklicheren Lebens für alle Menschen jeglicher sozialer, ethnischer und religiöser Herkunft zu beziehen. Hierauf deuten auch zahlreiche Aussagen berühmter Amerikaner. So stellt Richard Nixon die materielle Komponente des Traums heraus und nennt "full employment, better housing, excellence in education; in rebuilding our cities and improving our rural areas; in protecting our environment and enhancing the quality of life" als zentrale Elemente. Ronald Reagan erinnert an die Einzigartigkeit des amerikanischen Volkes und hebt den Sonderstatus hervor, welcher den USA in der Welt zukomme. Amerika sei "too great a nation to limit (them)selves to small dreams." Jesse Jackson und Martin Luther King träumen von Freiheit und Gleichheit für alle Bürger, insbesondere für die afroamerikanische Bevölkerung.[6] Und Bill Clinton betont die universelle Gültigkeit des amerikanischen Traums, welcher jeden Bürger am Erfolg partizipieren lasse, solange er hart und rechtschaffen arbeite.[7]

Wohl ist der amerikanische Traum durch diese subjektiven Meinungen nur unzureichend definiert und insbesondere die Aussagen der amerikanischen Präsidenten müssen sicherlich teilweise als politische Wahlkampf-Phrasen gewertet werden. Allerdings verdeutlichen obige Begriffsverwendungen zum einen, dass der amerikanische Traum von unterschiedlichen Generationen ganz verschieden ausgelegt wurde, und zum an-

---

[1] Vgl. Carpenter (1968): S. 3.
[2] Vgl. Cullen (2003): S. 6.
[3] Jefferson (1989): S. 640.
[4] Cullen und Jillson merken an, dass Unklarheit darüber herrscht, ob Adams den Begriff tatsächlich geprägt oder ihn von einem anderen Autor übernommen hat. Vgl. Cullen (2003): S. 4 und Jillson (2004): S. 6.
[5] Adams (1941): S. 404.
[6] Zitiert in Freese (2006): S. 12-23.
[7] Vgl. Clinton zitiert in Hochschild (1995): S. 18.

deren, welch fundamentale Bedeutung ihm in der amerikanischen Gesellschaft zukommt. Es handelt sich beim Amerikanischen Traum offensichtlich um ein äußerst wichtiges, doch auch sehr komplexes Phänomen, welchem wir durch Betrachtung unterschiedlicher Interpretationen nur ungenügend Rechnung tragen.

Nicht weniger problematisch ist der Versuch, sich dem amerikanischen Traum über synonym verwendete Begriffe zu nähern. Ergebnis einer solchen Betrachtung ist eine Aneinanderreihung nahezu sämtlicher Aspekte der amerikanischen Gesellschaft, angefangen von Teilaspekten des amerikanischen Traums wie *equal opportunity* oder *individual success* bis hin zu ähnlich umfassenden und vagen Konzepten wie *American creed*, *American destiny* oder *American way of life*, mit denen der amerikanische Traum häufig gleichgesetzt wird. Es scheint, als kennzeichne es den amerikanischen Traum, dass eine Definition, die über eine Aufzählung solcher Aspekte hinausgeht, nicht möglich ist und lediglich zu einer Verwässerung seiner Bedeutung führt.[8]

Andererseits mag gerade in dieser Ungreifbarkeit der Reiz des Traums begründet liegen. Hierauf verweist Cullen, wenn er sagt: "The American Dream would have no drama or mystique if it were a self-evident falsehood or a scientifically demonstrable principle. Ambiguity is the very source of its mythic power."[9] In jedem Fall ist der amerikanische Traum ein allgegenwärtiges Phänomen, dessen Faszination, Entstehungsgeschichte und einzelne Elemente es im Folgenden zu ergründen gilt.

2. Die Entstehungsgeschichte des amerikanischen Traums

Wenngleich es schwierig scheint, den amerikanischen Traum zu definieren, ist es doch möglich, verschiedene Entwicklungen aufzuzeigen, die zu seiner Entstehung beigetragen haben. Nach Freese basiert der Mythos auf drei Konzepten: (1) Der mythischen Vorstellung Amerikas als einem zweiten El Dorado[10]; (2) der religiösen Vorstellung Amerikas als einem Neuen Jerusalem; und (3) der politischen Vorstellung Amerikas als einem Land, in dem Tyrannei und Unterdrückung durch Gleichheit, Freiheit und Brüderlichkeit abgelöst werden.[11]

---

[8] Vgl. Keil (1968): S. 4f.
[9] Cullen (2003): S. 7.
[10] Der Begriff El Dorado kommt aus dem Spanischen und heißt übersetzt "der Vergoldete". Er geht zurück auf eine kolumbianische Sage, der zufolge ein mit Goldstaub bedeckter Stammeshäuptling zur Opferdarbietung auf einen See hinausfuhr, um sich den Goldstaub in einem zeremoniellen Bad abzuwaschen. Heute bezeichnet El Dorado im metaphorischen Sinne ein üppiges, fruchtbares Land, in dem es jeder zu Reichtum und Wohlstand bringen kann. Vgl. Brockhaus 7 (2006): S. 672.
[11] Vgl. im Folgenden Peter Freese: *The American Dream and the American Nightmare*. Paderborn, 1987, bes. 95-108.

2.1. El Dorado und Brave New World: Der mythische Traum

Der mythischen Auffassung des amerikanischen Traums zufolge ist Amerika ein Land der Neuanfänge und unbegrenzten Möglichkeiten und ein El Dorado des Überflusses und der Reichtümer. Diese Vorstellung ist wesentlich durch europäisches Gedanken-gut geprägt und kommt in Wunschvorstellungen wie der Insel Atlantis, der Terra Re-promissionis oder der Utopia zum Ausdruck. Bevor Amerika als Kontinent entdeckt wurde, existierte daher bereits ein "America of the mind"[12], welches mit der Entdeckung eines neuen Kontinents im Westen eine geeignete Projektionsfläche fand.

Die Glorifizierung Amerikas als "brave new world" und zweites Paradies auf Erden wurde vorangetrieben von verheißungsvollen Nachrichten aus der Neuen Welt. So vergleicht bereits Christoph Kolumbus in einem seiner Reiseberichte Amerika mit ei-nem "irdische(n) Paradies" und Captain John Smith schildert Virginia als ein "fruitful and delightful land", welches einen idealen Lebensraum biete: "(H)eaven and earth ne-ver agreed better to frame a place for man's habitation." In einer berühmt gewordenen Aussage William Penns zu Pennsylvania heißt es: "The air is sweet and clear, the hea-vens serene." Und Thomas Morton schreibt: "For mine eyes t'was Nature's masterpie-ce. [...] If this land be not rich, then is the whole world poor."[13]

Gleichwohl gab es durchaus auch kritische Schilderungen, die von Elend, Krankheit und Tod berichteten.[14] Diese negativen Berichte wurden anfangs jedoch aus mindes-tens zwei Gründen weitgehend ignoriert:[15] Zum einen löste die Entdeckung eines in weiten Teilen unbesiedelten und in den Augen der Europäer unzivilisierten Landes ein bis dato einzigartiges Besitzdenken aus. Zwar war Amerika nicht das erste Land, wel-ches Europa mit kulturellen Unterschieden konfrontierte. Doch während die Europäer bei ihren Begegnungen mit fremden Völkern in der alten Welt lediglich den Status von Gästen innehatten, fiel ihnen jetzt der Status von Entdeckern zu, und diese Tatsache implizierte ein gewisses Eigentumsrecht. "America, having been uncovered and, in a sense, 'given to them' by their own initiative, seemed to be theirs to expropriate and to

---

[12] Freese (1987): S. 94.
[13] Shakespeare (2002): S. 209, Colombo (1956): S. 267, Smith (1967): S. 344, Penn (2002): S. 592, Mor-ton (1989): S. 23.
[14] Vgl. beispielhaft die Schriften von John Captain Smith und William Bradford, in denen es heißt, dass vie-le Menschen bereits die Überfahrt nach Amerika aufgrund von "extreme weakness and sickness" nicht überstanden (Vgl. Smith (1989): S. 13) bzw. aufgrund von Epidemien oder Unterernährung den ersten Winter vor Ort nicht überlebten (Vgl. Bradford (1989): S. 68).
[15] Billington zeigt in seinem Buch *Land of Savagery, Land of Promise* am Beispiel der Frontier, dass sich die europäische Wahrnehmung Amerikas mehrfach änderte. So schlug die Konzeption Amerikas als ei-nem Gelobten Land (16. Jhd.) im 17. Jhd. rasch ins Negative um. Im 18. Jhd. änderte sich das Bild im Zu-ge der Romantik erneut: Das 'Land of Savagery' wich einer Verherrlichung der Natur zum 'Wilden Westen' und aus dem gefährlichen Wilden wurde der *Noble Savage*. Vgl. Billington (1981): S. 1-28.

define."[16] Zum anderen hatten viele der ersten Siedler Europa nicht freiwillig verlassen, sondern kamen aus Angst vor Hunger, Armut und drohenden Kriegen oder um ihrer politischen oder religiösen Verfolgung zu entfliehen.[17] Die Neue Welt bot für sie einen Zufluchtsort, und glücklich, dort angekommen zu sein, verherrlichten sie das Land als ihre neue Heimat. Zu diesem Fazit gelangt auch Robert Beverly, der in seinem Buch *The History and Present State of Virginia* die Eindrücke der ersten Siedler in Virginia folgendermaßen zusammenfasst:

> Being over-pleased with their Profits, and finding all Things there entirely new, and surprizing; they gave a very advantageous Account of Matters; by repre-senting the Country so delightful, and desirable; so pleasant, and plentiful; the Climate, and Air, so temperate, sweet, and wholsome; the Woods, and Soil, so charming, and fruitful; and all other Things so agreeable, that Paradice it self seem'd to be there, in its first Native Lustre.[18]

Auf diese Weise entstand die weit verbreitete Vorstellung von Amerika als einem idylli-schen, unschuldigen und pastoralen Land, welche in starkem Kontrast zum dekaden-ten und verstädterten Europa stand. In den folgenden Jahrzehnten veranlasste dieser Mythos Millionen Flüchtlinge dazu, ihr Glück in der Neuen Welt zu suchen. Mit den Immigranten kam auch der Wunsch nach religiöser, politischer und wirtschaftlicher Freiheit ins Land, welcher sich später in der religiösen sowie soziopolitischen Konzep-tualisierung des amerikanischen Traums wiederfinden sollte. Insofern begründet die frühe Mythologisierung Amerikas durch die Europäer jene dominante religiöse und so-ziopolitische Dimension, welche den amerikanischen Traum bis heute kennzeichnet.

2.2. A City upon a Hill: Der religiöse Traum

Die religiöse Tradition sah Amerika als ein neues Kanaan[19], in welchem Gottes auserwähltes Volk ein zweites Jerusalem errichten werde. Im Gegensatz zur mythischen Vorstellung, welche im 16. Jahrhundert insbesondere Abenteurer auf den Plan rief, die in ihrem Entdeckerdrang freiwillig die gefährliche Reise nach Amerika antraten, waren es im 17. Jahrhundert vorwiegend als religiöse Dissidenten verfolgte Puritaner[20], die in Amerika einen Ort zu finden hofften, an dem sie ihren Glauben frei leben konnten.

---

[16] Greene (1993): S. 11.
[17] Vgl. Dippel (2005): S. 7-17.
[18] Beverly (1703): S. 262.
[19] Kanaan ist der historische Begriff für die syrisch-palästinensische Küste, steht in der biblischen Termi-nologie jedoch für das Gelobte Land (Vgl. Brockhaus 14 (2006): S. 362). In 2 Mose 3,8 heißt es: "Ich bin herabgestiegen, um sie die Hand der Ägypter zu entreißen und aus jenem Land hinaufzuführen in ein schönes, weites Land, in ein Land, in dem Milch und Honig fließen, in das Gebiet der Kanaaniter, Hetiter, Amoriter, Perisiter, Hiwiter und Jebusiter."
[20] Im 17. Jahrhundert zersplitterte der Puritanismus in verschiedene Religionsgemeinschaften wie Presby-terianer, Kongregationalisten und Separatisten, sodass der Ausdruck 'Puritaner' streng genommen zu kurz greift. Für unsere Zwecke soll im Folgenden nicht zwischen den einzelnen Kongregationen unterschieden

Der Puritanismus war eine theologische Protest- und Reformbewegung innerhalb des englischen Protestantismus, die sich in der zweiten Hälfte des 16. Jahrhunderts bildete und eine liturgische und moralische Erneuerung der Anglikanischen Kirche forderte.[21] Sein Name leitet sich von seinem erklärten Ziel ab, die Kirche nach kalvinistischen Grundsätzen von römisch-katholischen Lehren zu reinigen (im Englischen: to purify). Im weiteren Sinne wurden jedoch auch jene Gläubige abwertend als Puritaner bezeichnet, die sich einem frommen, sittenstrengen, am Biblizismus ausgerichteten Lebenswandel verschrieben hatten.[22]

Grundlage des Puritanismus ist die Vorstellung, die Heilige Schrift enthalte eine verbindliche gesellschaftliche Ordnung für das Zusammenleben von Menschen. Aus diesem Grund lehnten die Puritaner alle Formen der Religionsausübung ab, die sie nicht durch die Bibel begründet fanden[23], und forderten eine Rückkehr zum reinen Glauben. Aufgrund des Vorwurfs an die Regierung, die Trennung vom Katholizismus nicht vollzogen und die protestantische Reformation nicht vollendet zu haben, setzte mit dem 'Act Against Puritans' ab 1593 die Verfolgung der Puritaner ein, die als Andersdenkende zunehmend als Bedrohung empfunden wurden.[24] So emigrierten in der Folge viele Puritaner in die Niederlande und ab 1620 nach Neuengland, wo sie zunächst Plymouth Colony (1620), dann Massachusetts Bay (1630) und schließlich weitere Siedlungen im Connecticut-Tal sowie New Haven und Providence errichteten.[25] Ihre Hoffnung, die Anglikanische Kirche in England zu reformieren, hatten sie aufgegeben. Vielmehr sahen sie nun in Neuengland die Möglichkeit, ein paradigmatisches Gemeinwesen im Sinne eines 'model of christian charity' zu errichten, welches als Vorbild für die gesamte Menschheit dienen würde. So heißt es in einer berühmt gewordenen Aussage John Winthrops: "(W)e must consider that we shall be as a City upon a Hill, (and that) the eyes of all people are upon us."[26] In Anlehnung an die Prophezeiungen Jesajas und die Offenbarung des Johannes sahen sie sich selbst als auserwähltes Volk, welches Gott über den Atlantik geführt habe, um unter einem neuen Himmel und einer neuen Erde[27]

---

werden. Für eine genaue Analyse der Aufspaltung der Puritaner siehe Linder und Christadler (1996): S. 619, sowie Ralph Barton Perry: *Puritanism and Democracy*. New York 1944, bes. S. 62-81.
[21] Vgl. zur Geschichte der Puritaner Cal Jillson: *Pursuing the American Dream*. Lawrence 2004, 15-47.
[22] Brockhaus 22 (2006): S. 294.
[23] So verlangten die Puritaner weit reichende Reformen hinsichtlich Kirchenordnung und Liturgie. Sie traten für eine Gleichheit der Gläubigen ein und lehnten jede Form der kirchlichen Hierarchie, z.B. den Einsatz von Bischöfen, ebenso wie eine Instrumentalisierung und Vergegenständlichung des Glaubens durch Devotionalien und 'vermenschlichte' Traditionen. Vgl. Linder; Christadler (1996): S. 619.
[24] Vgl. Raeithel (1987): S. 30.
[25] Vgl. Linder; Christadler (1996): S. 620.
[26] Winthrop (1989): S. 41.
[27] Vgl. Jesaja 65,17: "Denn schon erschaffe ich einen neuen Himmel und eine neue Erde." und Offenbarung 21,1: "Dann sah ich einen neuen Himmel und eine neue Erde; denn der erste Himmel und die erste Erde sind vergangen, auch das Meer ist nicht mehr."

einen heiligen Bund zu schließen. Diese Vorstellung von Neuengland als einem neuen Israel bereitete die Auffassung von Amerika als einem Ort vor, wo sich die "christliche Heilsgeschichte der Menschheit progressiv vollende"[28] und legte den Grundstein für den Glauben an die Auserwähltheit des amerikanischen Volkes. Insofern geht der Einfluss des Puritanismus über den religiösen Bereich hinaus und spiegelt sich beispielsweise in der Unabhängigkeitserklärung der Vereinigten Staaten und in Konzepten wie der *Manifest Destiny* wider.[29]

2.3. Life, Liberty, and the pursuit of Happiness: Der politische Traum

Die soziopolitische Version des amerikanischen Traums sah in Amerika die Möglichkeit, ein freies, demokratisches Land zu errichten, und die tyrannischen und despotischen Verhältnisse der alten Welt durch Freiheit, Gleichheit und Brüderlichkeit zu ersetzen. Basierend auf der angelsächsischen Rechtstradition und dem Gedankengut der Aufklärung des 16. Jahrhunderts, fand diese Vorstellung ihren Höhepunkt in der Unabhängigkeitserklärung der Vereinigten Staaten von 1776.

In der von John Locke inspirierten[30] Präambel werden erstmals in einem offiziellen Dokument die unveräußerlichen Menschenrechte "Life, Liberty and the pursuit of Happiness"[31] proklamiert. Neben dem Recht auf Leben, Freiheit und dem Streben nach Glück postuliert die Unabhängigkeitserklärung unter Berufung auf das Naturrecht zudem die Gleichheit aller Menschen sowie das Prinzip der Volkssouveränität. Zusammen mit der Verfassung von 1787 und deren Zusatzartikeln (*Bill of Rights*[32]) garantiert die Unabhängigkeitserklärung ferner bestimmte einklagbare Grundrechte und einen freien, demokratischen Rechtsstaat. Die USA waren somit das erste Land, welches in einer nationalen Verfassung nicht nur Adeligen und Reichen, sondern allen Bürgern – zumindest nominell – das Recht auf Selbstbestimmung und Autonomie zubilligten. In-

---

[28] Linder; Christadler (1996): S. 620.
[29] Vgl. Weeks (1996): S. 61f.
[30] Die Präambel der Unabhängigkeitserklärung wurde grundlegend von dem englischen Philosophen John Locke und dessen Werk *Two Treatises of Government* aus dem Jahre 1690 beeinflusst. Sie greift dabei insbesondere auf die zweite Abhandlung (*An Essay concerning The True Original, Extent, and End of Civil-Government*) zurück, in welcher Locke die Theorie einer zivilen Gesellschaft entwirft. Ausgehend von dem Naturzustand des Menschen, nach welchem dieser in Freiheit und Gleichheit nach dem Naturgesetz der Vernunft harmonisch mit anderen Menschen zusammenlebt, argumentiert Locke unter anderem, dass eine Regierung nur legitim ist, sofern sie vom Volk autorisiert ist und die Naturrechte Leben, Freiheit und Eigentum beschützt. Fehlt diese Legitimation durch das Volk, hat dieses das Recht, die Regierung zu stürzen. Vgl. Locke (1996): Book II, bes. S. 267-282 und S. 406-428.
[31] United States of America: Declaration of Independence (1948): S. 13.
[32] Insbesondere die ersten acht Zusatzartikel sichern gewisse Individualrechte, z.B. das Recht auf Religions-, Rede- und Pressefreiheit sowie das Versammlungs- und Petitionsrecht (*first amendment*) und die Rechtswegegarantie (*fifth amendment*). Vgl. United States of America: Constitution (1948): S. 47f.

sofern symbolisiert die Unabhängigkeitserklärung nicht nur die Geburt einer neuen Nation, sondern auch eine Aufwertung des Individuums.[33]

Diese Aufwertung des Individuums spiegelt sich insbesondere in dem Streben des Einzelnen nach persönlicher materieller wie immaterieller Selbstverwirklichung wider. Bis heute nimmt dieses Prinzip, welches jedem Amerikaner zusichert, sein Leben frei von staatlicher, religiöser oder gesellschaftlicher Intervention gestalten zu können, einen zentralen Stellenwert in der amerikanischen Gesellschaft ein. In Verbindung mit dem universalen Anspruch auf Freiheit und Gleichheit und dem festen Glauben der Amerikaner an die Demokratie bildet die Vorstellung der ungehinderten Selbstentfaltung einen wichtigen Bestandteil des amerikanischen Traums und verleiht diesem so neben der mythischen und religiösen auch eine soziopolitische Dimension.

3. Konstitutive Elemente des amerikanischen Traums

Wie beschrieben, ist der amerikanische Traum auf wenigstens drei unterschiedliche Entwicklungen zurückführbar. Ausgehend von diesen drei Vorstellungen Amerikas lassen sich in Anlehnung an Freese fünf konstitutive Elemente des Mythos ableiten:

- Der Glaube an Freiheit und Gleichheit für alle Bürger im Sinne einer demokratischen Gesellschaftsordnung;
- die Vorstellung, dass im Zuge der kontinuierlichen Westverschiebung der Siedlungsgrenze verbunden mit einer territorialen Expansion stets neue Herausforderungen bewältigt werden müssen, d.h. der Glaube an den Mythos der Frontier;
- die Überzeugung, als Gottes auserwähltes Volk eine besondere Mission in der Welt zu erfüllen (*American Exceptionalism*), d.h. der Glaube an die *Manifest Destiny*;
- die Idee, dass Einwanderer unterschiedlicher religiöser, ethnischer und sozialer Herkunft zu einer neuen, vereinten Nation verschmelzen, d.h. der Glaube an das Konzept des *Melting pot*; und
- das Vertrauen auf persönliches wie gesellschaftliches Vorwärtskommen, d.h. der Glaube an Fortschritt und individuellen Erfolg.[34]

---

[33] Vgl. Dippel (2005): S. 28.
[34] Vgl. im Folgenden Freese (1987): S. 108-162. Freese unterscheidet 'success' und 'progress' als separate Elemente des amerikanischen Traums. Da Freese jedoch selbst bemerkt, dass der amerikanische Fortschrittsglaube weniger eine spezifisch amerikanische Erscheinung denn ein allgemeines Phänomen der westlichen Industrienationen war, werden diese beiden Elemente im Folgenden zusammen behandelt.

3.1. Freiheit und Gleichheit

Der Traum von Freiheit und Gleichheit ist vermutlich so alt wie die Menschheit selbst; in jedem Fall aber älter als die Geschichte der Vereinigten Staaten. Dennoch waren die USA das erste Land, welche sich offiziell zur Freiheit und Gleichheit aller Bürger und nicht nur einer privilegierten Schicht bekannten. Als "new nation: conceived in liberty, and dedicated to the proposition that all men are created equal"[35] wurde Amerika daher zum Inbegriff politischer, religiöser und wirtschaftlicher Freiheit und Gleichheit und zum Zufluchtsort für Millionen von Einwanderern aus aller Welt.[36]

Wenngleich das Freiheits- und Gleichheitsdenken der jungen Nation für damalige Verhältnisse als besonders fortschrittlich bezeichnet werden muss, wurden die allgemeinen Menschenrechte und die in der *Bill of Rights* garantierten Bürgerrechte in vollem Umfang zunächst nur weißen Männern, nicht aber Frauen und Afroamerikanern zugestanden.[37] Insbesondere das Wahlrecht als "oberstes Kennzeichen individueller Freiheit"[38] blieb lange Zeit auf weiße Männer begrenzt. Erst mit der Abschaffung der Sklaverei durch Verabschiedung des 13. Verfassungszusatzes im Jahre 1865, der Ausweitung des Wahlrechts auf Afroamerikaner fünf Jahre später und schließlich der Einführung des Frauenwahlrechts im Jahre 1920 war sichergestellt, dass alle amerikanischen Bürger zumindest theoretisch an der Regierung teilhaben durften und über den gleichen Anspruch an politischer Mitwirkung verfügten.

Nichtsdestoweniger war insbesondere die afroamerikanische Bevölkerung vom Prinzip der Gleichheit weitgehend ausgeschlossen. Zwar war die legale Sklaverei mit dem Ende des amerikanischen Bürgerkriegs offiziell abgeschafft worden, doch blieben die Afroamerikaner vor allem in den Südstaaten weiterhin unterdrückt. Ein System von Apartheidgesetzen (*Jim Crow Laws*) diente dazu, die Vorherrschaft der weißen Bevölkerung im Süden zu garantieren und gerade gewährte grundlegende Bürgerrechte faktisch nahezu auszuhebeln.[39] Zudem etablierte eine durch etliche Gerichtsurteile immer wieder bestätigte Rassentrennung nach dem Grundsatz 'separate but equal' eine bis in die Mitte des 20. Jahrhunderts andauernde Zweiklassengesellschaft in allen wichtigen Lebensbereichen. Erst die Bürgerrechtsbewegung der späten 1950er und 1960er Jahre konnte entscheidende Fortschritte zur Überwindung der Diskriminierung und Ras-

---

[35] Präsident Abraham Lincoln: Gettysburg Address, 19. November 1863. Zitiert in Pole (1978): S. ix.
[36] Vgl. zur Diskussion des Freiheits- und Gleichheitsgedankens in den USA Jack R. Pole: *The Pursuit of Equality in American History*, Berkeley, 1978 und Gerhard Besier und Gerhard Lindemann: *Im Namen der Freiheit*, Göttingen, 2006. Vgl. zudem Werner Fluck und Welf Werner. "Einführung." In: *Wie viel Ungleichheit verträgt die Demokratie?* Hrsg. Winfried Fluck und Welf Werner. Frankfurt, 2003, 7-19.
[37] Vgl. beispielhaft Schwarz (1997): S. 24.
[38] Besier; Lindemann (2006): S. 89.
[39] United States of America: Constitution (1948): S. 53-55. Ergänzt bzw. konkretisiert werden die Verfassungsgrundsätze durch die Bürgerrechtsgesetze von 1866, 1871 und 1875. Vgl. Wersich (1996): S. 159.

sentrennung erzielen und leistete einen wichtigen Beitrag zur Gleichberechtigung von Frauen und ethnischen Minderheiten.[40]

Trotz dieser Fortschritte bestehen nach wie vor soziale Ungleichheiten innerhalb der amerikanischen Bevölkerung.[41] Pole kommt in seiner Arbeit *The Pursuit of Equality in American History* daher zu dem Ergebnis, dass die USA von ihrem Ideal einer egalitären Gesellschaft noch weit entfernt sind: "It may seen ungrateful after two hundred years in which the principle of equality has been held as a moral truth given by fundamental law, to conclude that the concept should be considered as a beginning rather than an end."[42] Allerdings verkennt Pole, dass sich der Gleichheitsgedanke des amerikanischen Traums im Kern nicht auf eine Gleichheit im Sinne einer sozialen Gerechtigkeit bezieht. Der Traum verspricht keine Gleichheit der Lebensbedingungen, sondern eine soziale Gleichrangigkeit und damit gleiche Ausgangsbedingungen. Hierauf verweist Alexis de Tocqueville, wenn er sein berühmtes Werk *On Democracy in America* mit den Worten einleitet, nichts habe seinen Blick stärker gefesselt als "die Gleichheit der gesellschaftlichen Bedingungen"[43]. Fluck und Werner erläutern:

> Kein Bürger einer Demokratie kann den Anspruch erheben, aufgrund seiner Herkunft oder seines Standes mehr wert zu sein als andere. Was das Individuum aus dieser Gleichrangigkeit macht, [...] ist eine Frage individueller Initiative und wird von Fall zu Fall verschieden sein. Die durch Demokratie geschaffene Gleichheit kann auf diese Weise durchaus zu Ungleichheit führen, denn sie weitet die Anzahl all jener, die nach Reichtum streben können, um ein Beträchtliches aus.[44]

Mithin liegt der soziopolitischen Version des amerikanischen Traums eine Auffassung von Individualität zugrunde, nach welcher der Einzelne sein Leben eigenverantwortlich gestalten muss. Die Aufgabe des Staates besteht in diesem Zusammenhang vorwiegend darin, durch demokratische Institutionen die Rechte des Individuums sowie dessen wirtschaftliche, politische und religiöse Freiheit zu schützen, um dessen Möglichkeiten der persönlichen Selbstverwirklichung zu sichern. Vor diesem Hintergrund muss

---

[40] So untersagt das Bürgerrechtsgesetz von 1964 jegliche Form der Diskriminierung aufgrund von Rasse, Religion, Geschlecht oder Herkunft und ebnete den Weg für eine aktive Gleichberechtigungspolitik.

[41] Die Einkommensverteilung der letzten Jahrzehnte beispielsweise deutet auf eine wachsende soziale Kluft zwischen Arm und Reich, zwischen Frauen und Männern und zwischen den einzelnen Ethnien hin. Für weitere Informationen vgl. U.S. Census Bureau. *Income, Poverty, and Health Insurance Coverage in the United States: 2007*, Washington, 2008 und U.S. Department of Labor: *The Employment Situation December 2008*, Washington, 2009.) Ein ähnliches Bild der sozialen Benachteiligung liefert der Jahresbericht des US-amerikanischen Bildungsministeriums. (Vgl. U.S. Department of Education: *The Condition of Education 2008*, Washington, 2008.) Auch der jährlich von der *National Urban League* ermittelte *Equality Index*, der in den Kategorien Wirtschaft, Bildung, Gesundheit, soziale Gerechtigkeit und Bürgerliches Engagement die Gleichheit zwischen der weißen und schwarzen Bevölkerung misst, wird im Jahr 2008 mit nur 73% angegeben (Vgl. National Urban League: *The State of Black America 2008*, New York, 2008).

[42] Pole (1978): S. 354.

[43] Tocqueville (1976): S. 5.

[44] Fluck; Werner (2003): S. 8.

es zwar als fraglich gelten, inwieweit in der amerikanischen Gesellschaft das Prinzip der Chancengleichheit tatsächlich realisiert ist, doch kann dies nicht Gegenstand der vorliegenden Arbeit sein. Festzuhalten bleibt, dass Freiheit und Gleichheit zwei wichtige Grundpfeiler der amerikanischen Identität bilden und bis heute Menschen aus aller Welt in die Vereinigten Staaten ziehen.

3.2. Die amerikanische Frontier

Historisch gesehen war die Frontier als jene Grenzlinie definiert, welche das mit mindestens zwei weißen Einwohnern pro Quadratmeile besiedelte Land im Osten von dem noch unbesiedelten Gebiet im Westen trennte[45] und somit den unmittelbaren Übergang zwischen Zivilisation und Wildnis markierte. Heute ist die Frontier ein tief in der amerikanischen Kultur verwurzelter Mythos, welcher sich durch die gesamte Geschichte der USA zieht und das amerikanische Selbstverständnis entscheidend prägt.[46]

An dieser Mythologisierung ist der Historiker Frederick Jackson Turner maßgeblich beteiligt. Als die US-amerikanische Zensusbehörde nach einer Volkszählung im Jahre 1890 das Ende der Besiedlung des amerikanischen Westens und damit die offizielle Schließung der Frontier feststellte[47], nahm Turner dies zum Anlass, das amerikanische Selbstverständnis und die amerikanische Geschichte einer grundlegenden Neudeutung zu unterziehen. In seinem 1893 veröffentlichten Aufsatz *The Significance of the Frontier in American History* stellt er die These auf, dass die Interaktion von Zivilisation und Wildnis an der westlichen Besiedlungsgrenze für das Entstehen einer spezifisch amerikanischen Gesellschaft und eines neuen Menschentypus verantwortlich sei: "(T)he frontier is the line of most rapid and effective Americanization. [...] The result is that to the frontier the American intellect owes its striking characteristics."[48]

Den Prozess dieser Amerikanisierung beschreibt Turner als sukzessive Wiedergeburt an der sich stets nach Westen verschiebenden amerikanischen Frontier. Die kontinuierliche Konfrontation mit der Wildnis stelle die Pioniere vor neue Herausforderungen und zwinge sie, die im Osten angeeigneten komplexen politischen, ökonomischen und sozialen Strukturen aufzugeben[49] und in Auseinandersetzung mit der freien Natur zu ursprünglichen, primitiven Lebensformen und zu einem auf das Notwendigste be-

---

[45] Vgl. Reichstein (1996): S. 300.
[46] Vgl. zum Mythos der Frontier Richard Slotkin: *The Fatal Environment*, New York, 1985, 1-106; und derselbe: *Gunfighter Nation: The Myth of the Frontier in Twentieth-Century America*. New York, 1992, 1-26.
[47] In dem 1891 veröffentlichten Bericht heißt es schlicht: "At present, the unsettled area has been so broken into by isolated bodies of settlement that there can hardly be said to be a frontier line." U.S. Census Office (1891), zitiert in Waechter (1996): S. 13.
[48] Turner (1977): S. 10; 19. Vgl. zu Turners These Matthias Waechter: *Die Erfindung des Amerikanischen Westens*, Rombach, 1996, 13-25; und Ray Allen Billington: *Westward Expansion*, New York, 1949, 1-15.
[49] Billington (1949): S. 2.

schränkten Dasein zurückzukehren. Die nahezu unbegrenzte Verfügbarkeit freien Landes bedeute für die Siedler Chancengleichheit; traditionelle Hierarchien, statusbezogene Privilegien und ethnische Unterschiede verlören ihre Gültigkeit. Die Frontier schaffe so eine Gesellschaft, deren Mitglieder sich nicht durch ihre Herkunft oder Bildung, sondern einzig durch ihren wirtschaftlichen Erfolg voneinander differenzieren. So entstehe im Westen eine Gesellschaft, die sich fundamental von jener im Osten unterscheide und sich durch Demokratie, Egalitarismus, Nationalismus und einen neuen Geist auszeichne, der geprägt sei von dem Glauben an Neuanfänge und einem unbeirrbaren Optimismus, von Experimentierfreude, Neugier und Innovationsgeist, einer misstrauischen Haltung gegenüber Autorität und Regierung sowie einem ausgeprägten Individualismus verbunden mit einem unerschütterlichen Selbstbewusstsein.[50]

Seit ihrer Verlautbarung wurde die Turner-These kontrovers diskutiert.[51] Unter anderem wurde ihr vorgeworfen, eine Dichotomie zwischen alter und neuer Welt, sowie zwischen Ost und West der Vereinigten Staaten zu schaffen.[52] Sie fördere eine imperialistische Haltung und eine rücksichtslose Vertreibung der Ureinwohner Amerikas. Sie diene als Rechtfertigung amerikanischer Expansionsbestrebungen sowie als Begründung einer vermeintlichen Sonderrolle der USA in der Welt. Ferner propagiere die Frontier die Ausbeutung und Unterdrückung der Natur und glorifiziere Gewalt als Mittel der Auseinandersetzung. Durch die Heroisierung männlicher, weißer Pioniere liege ihr eine patriarchalisch-rassistische Orientierung zugrunde, welche die Diskriminierung von Frauen und ethnischen Minderheiten begünstige.[53]

Trotz Kritik entwickelte sich die Frontier zum Symbol unbegrenzter Möglichkeiten und zur Grundlage eines neuen, amerikanischen Selbstverständnisses. Die vollständige Besiedelung des Westens ging daher mit einer Mythologisierung der Frontier einher, die sich bis heute erfolgreich behauptet hat und als Bestandteil des amerikanischen Traums fortwirkt.

3.3. Manifest Destiny

Manifest Destiny beschreibt den Glauben der Amerikaner an ihre 'offenkundige Bestimmung', eine Vorbildfunktion einzunehmen und aufgrund ihrer moralischen Überle-

---

[50] Vgl. Turner (1977): S. 10-18.
[51] Nach Waechter teilen sich die Kritiker grob vereinfacht in zwei Lager: Befürworter sehen in der Frontier-These eine Rechtfertigung des American Exceptionalism. Gegner lehnen Turners These ab, da sie eine Verschärfung der Trennung zwischen Amerika und Europa befürchten. Vgl. Waechter (1996): S. 17.
[52] So erhebe die Frontier-These einerseits die Vereinigten Staaten von Amerika über Europa und andererseits den Westen über den Osten der Vereinigten Staaten, indem letzterer als zunehmend europäisch und dekadent charakterisiert werde, während der Westen mit typisch amerikanischen Werten wie Demokratie, Freiheit, Innovation und Natürlichkeit assoziiert sei. Vgl. Waechter (1996): S. 14.
[53] Vgl. Berg (2004): S. 527.

genheit Gleichheit, Freiheit und Demokratie in der Welt zu verbreiten.[54] Erstmals im Jahre 1845 als politisches Schlagwort verwendet, wurde *Manifest Destiny* im 19. Jahrhundert zunächst zum Synonym für die Expansionspolitik der USA, bevor der Begriff seine heutige Bedeutung erhielt und nunmehr allgemein für das amerikanische Sendungsbewusstsein steht. In diesem Sinne beinhaltet das Konzept der *Manifest Destiny* streng genommen drei voneinander unabhängige Vorstellungen: (1) Die Vorstellung der Tugendhaftigkeit des amerikanischen Volkes und dessen Einrichtungen und Wertesysteme; (2) die Mission, diese Einrichtungen und Werte in der Welt zu verbreiten; und (3) zuletzt die Berufung auf eine göttliche Instanz, welche den Amerikanern diese Sonderrolle als 'Erlöser der Welt'[55] habe zuteil werden lassen.[56] Das Konzept *Manifest Destiny* markiert somit den Höhepunkt des American Exceptionalism und bestärkte die Amerikaner in ihrem Glauben, ein 'beacon of hope and freedom'[57] in der Welt zu sein.

Erstmals von dem Kolumnisten John L. O'Sullivan im Jahre 1845 verwendet, um die Annektierung von Oregon und Texas zu rechtfertigen[58], fand der Begriff *Manifest Destiny* schnell Eingang in den politischen Diskurs und wurde dazu bemüht, mehrere Expansionskriege der USA theoretisch zu untermauern. Es sei die göttliche Vorsehung der Vereinigten Staaten, den gesamten nordamerikanischen Kontinent für die freie Entfaltung der eigenen Bevölkerung zu erobern sowie Freiheit und Demokratie in der ganzen Welt zu verbreiten, so die gängige Behauptung. Insbesondere nach 1890 wurde die der *Manifest Destiny* zugrunde liegende Ideologie daher mit dem amerikanischen Imperialismus assoziiert, bei dem erstmals auch fremde Völker unterworfen wurden.

Zu Beginn des 20. Jahrhunderts wurde das Schlagwort *Manifest Destiny* immer seltener verwendet.[59] So ging mit dem Ende des Imperialismus ein Umdenken in der amerikanischen Führungsschicht einher, welches in einem neuen Selbstverständnis mündete. In der Folge wurde die Rolle der Vereinigten Staaten in der Welt neu als der einer internationalen Polizeimacht definiert und damit die Expansions- zugunsten einer Inter-

---

[54] Vgl. Kühnel (1996): S. 455. Vgl. im Folgenden Albert K. Weinberg: *Manifest Destiny*, New York 1979; Walter Kühnel: *Manifest Destiny*. In: *USA-Lexikon*. Hrsg. Rüdiger B. Wersich. Berlin, 1996, 454-455, sowie Frederick Merk: *Manifest Destiny and Mission in American History*, New York 1996.
[55] Der Ausdruck ist angelehnt an Ernest Tuvesons Werk *Redeemer Nation* und bezieht sich auf die angebliche amerikanischen Mission, die Menschheit zu retten. Vgl. Tuveson (1974), bes. S.1-136.
[56] Vgl. Weeks (1996): S. 61.
[57] Ronald Reagan. Zitiert in Stephanson (1995): S. 127.
[58] Vgl. O'Sullivan: "(T)he fulfillment of our *Manifest Destiny* to overspread the continent allotted by Providence for the free development of our yearly multiplying millions." (O'Sullivan (1845): S. 5). Wesentlich aufmerksamkeitserregender war ein im Dezember 1845 erschienener Artikel, in welchem O'Sullivan den Amerikanern das Recht und die Pflicht zuschrieb, vom gesamten nordamerikanischen Kontinent Besitz zu ergreifen, um Freiheit und Demokratie zu verbreiten.
[59] Vgl. Weinberg (1979): S. 466-471. Zuletzt wurde der Begriff offiziell 1920 von Woodrow Wilson verwendet.

ventionspolitik abgelöst.[60] Allerdings spiegelt sich die Rhetorik der *Manifest Destiny* auch in der zeitgenössischen Außenpolitik der USA wider und legitimiert deren Anspruch, in der Welt die Aufgabe einer anerkannten Führungsmacht zu übernehmen. So sehen sich die USA auch heute als globale Vorreiter im Kampf um eine freie Welt und rechtfertigen ihre Interventionspolitik mit der gottgewollten Mission, wegweisend in der weltweiten Vermittlung demokratischer Grundwerte und einer demokratischen Gesellschaftsordnung zu sein.[61]

3.4. Melting pot

Der Begriff *Melting pot*, zu deutsch mit Schmelztiegel übersetzt, ist eine in den Sozial- und Politikwissenschaften verwendete Analogie für das Entstehen homogener Gesellschaften, der zufolge sich verschiedene Kulturen, Ethnien und Religionen mischen und zu einer einheitlichen Nation und gemeinsamen, integrierten Kultur vereinen.[62] Sein sprachliches Korrelat findet der *Melting pot* in dem lateinischen Ausspruch 'e pluribus unum' (lat.: aus vielen Eines), welches der Idee des Verschmelzens vieler Völker und Rassen zu einer einzigen Nation Ausdruck verleiht.[63]

Der Vergleich der USA mit einem Schmelztiegel findet sich erstmals 1782 bei J. Hector St. John de Crèvecoeur. In seinen *Letters from an American Farmer* führt er die amerikanische Identität ("that strange mixture of blood") auf einen Prozess zurück, bei dem Immigranten verschiedener Herkunft zu einem neuen Menschentypus verschmelzen: "He becomes an American by being received in the broad lap of our great Alma Mater. Here individuals of all nations are melted into a new race of men, whose labors and posterity will one day cause great changes in the world."[64] Die eigentliche Metapher des Schmelztiegels kommt jedoch erst wesentlich später auf. Sie geht zurück auf den englischen Autor Israel Zangwill, der die USA in seinem Theaterstück *The Melting pot* als ein Land entwirft, welches Menschen unterschiedlicher religiöser und ethnischer Herkunft die Möglichkeit bietet, im amerikanischen Schmelztiegel ihre kulturellen Unterschiede zu überwinden und als ein geeintes, glorreiches und von Gott auserwähltes

---

[60] In der Roosevelt Corollary zur Monroe Doctrine (1904) heißt es hierzu im Wortlaut: "(T)he adherence of the United States to the Monroe Doctrine may force the United States [...] in flagrant cases of such wrong-doing or impotence to the exercise of an international police power." Zitiert in Kühnel (1996): S. 455. Mit diesem Zusatz postulierte Präsident Roosevelt eine internationale Schiedsrichterfunktion und änderte damit entscheidend die ursprüngliche Aussage der Monroe-Doktrin, welche den europäischen Mächten lediglich ein Eingreifen in inneramerikanische Angelegenheiten untersagte. Vgl. Krakau (1996): S. 479f.
[61] Zur Verwendung des Begriffs *Manifest Destiny* im 20. Jhd. vgl. Andreas Stephanson: *Manifest Destiny*. New York 1995, bes. S. 112-129.
[62] Vgl. Heideking (1996): S. 461.
[63] Ursprünglich bezog sich 'e pluribus unum' auf das Zusammenwachsen der amerikanischen Kolonien zu einem Nationalstaat, wurde später jedoch auf das Verschmelzen verschiedener Völker und Rassen übertragen. Gesetzlich nie kodifiziert, galt 'e pluribus unum' bis zu seiner offiziellen Ablösung durch 'In God We Trust' im Jahre 1956 als Motto der Vereinigten Staaten. Vgl. Harris (2005): S. 2-6.
[64] Crèvecoeur (1989): S. 561.

Volk daraus hervorzugehen.[65] Zusammen mit dem 'e pluribus unum'-Konzept beinhaltet die Melting-Pot-Metapher somit das Versprechen, als 'Amerikaner' gleichberechtigte Bürger einer neuen Nation zu werden.

Aufgrund der daraus resultierenden Einwanderungsströme zwischen 1880 und 1920 wurde das Konzept des Schmelztiegels jedoch differenziert: Ziel war nun nicht mehr die Verschmelzung verschiedener Kulturen, sondern die möglichst rasche Eingliederung der Neuankömmlinge in das bereits bestehende System, verbunden mit der völligen Aufgabe der eigenen Kultur und der Übernahme eines von angelsächsischwesteuropäischen Werten und Normen geprägten 'Anglophilen Ideals'[66]. So verstanden, wurde das Schmelztiegel-Konzept in den folgenden Jahren Teil des so genannten Anglo-Konformismus, einer Bewegung im ausgehenden 19. Jahrhundert, deren Ziel es war, durch gründliche 'Amerikanisierung' der neuen Einwanderer einen homogenen Nationalstaat zu formen.[67]

Im 20. Jahrhundert geriet das Schmelztiegel-Konzept zunehmend in die Kritik und es setzte sich die Einsicht durch, dass der *Melting pot* die Realität nicht wahrheitsgetreu abbilde. Glazer und Moynihan gelangen nach einer Untersuchung der Lebensverhältnisse der Afroamerikaner, Puertorikaner, Juden, Italiener und Iren in New York zu dem ernüchternden Ergebnis, dass eine Verschmelzung dieser ethnischen Gruppen nicht stattgefunden habe: "The point about the *Melting pot* is that it did not happen."[68] Aus diesem Grund wurden alternative Bilder wie die Salatschüssel, das Mosaik oder das Kaleidoskop vorgeschlagen. Zwar scheitern auch diese Ersatzmetaphern bei dem Versuch, die amerikanische Gesellschaft durch ein einziges Schlagwort adäquat zu charakterisieren, doch bringen sie allesamt zum Ausdruck, dass sich die USA eher durch kulturelle Vielfalt und Pluralismus denn eine Einheitskultur auszeichnen.[69]

Ungeachtet seines fehlenden Realitätsbezugs scheint der Schmelztiegel jedoch nichts von seiner Überzeugungskraft eingebüßt zu haben. Indem er die puritanische Hoffnung einer religiösen Neugeburt im auserwählten Land in das säkularisierte Versprechen einer Neugeburt als Bürger einer freien und demokratischen Nation übersetzt, befriedigt er das menschliche Grundbedürfnis, Teil einer Gemeinschaft zu sein. Aus diesem

---

[65] Vgl. folgendes Exzerpt: "There she lies, the great *Melting pot*. [...] East and West, and North and South, [...] Here shall they all unite to build the Republic of Man and the Kingdom of God. [...] what is the glory of Rome and Jerusalem [...], compared with the glory of America, where all races and nations come to labour and look forward!" Zangwell (2007): S. 184f.
[66] Vgl. Blair (2002): S. 22.
[67] Vgl. Heideking (1996): S. 461.
[68] Glazer; Moynihan (1970): S. 290.
[69] Vgl. Blair (2002): S. 22. Das Salatschüssel-Konzept von Degler beispielsweise beschreibt einen Integrationsprozess, bei dem sich die unterschiedlichen Kulturen zu einem neuen Ganzen mischen, dabei jedoch ihre Besonderheiten behalten und als eigene Kulturen zu erkennen bleiben. Vgl. Degler (1970): S. 296.

Grund ist er nach wie vor aktuell, auch wenn er der multikulturellen Vielfalt der Vereinigten Staaten kaum gerecht wird.

3.5. Der Erfolgmythos

Das Streben nach Erfolg ist das wohl wichtigste Element des amerikanischen Traums.[70] Bereits James Bryce versichert, dass ihm kein anderes Land bekannt sei, in dem finanziellem Wohlstand ein so hoher Stellenwert beigemessen werde wie in den USA ("The pursuit of wealth is nowhere so eager as in America, the opportunities for acquiring it are nowhere so numerous."[71]); und Alexis de Tocqueville sieht in dem unaufhörlichen Streben nach Geld und Besitz einen Zwang, der die Amerikaner in ihr Verderben führe: Anstatt ihr Leben zu genießen, grübelten sie stets über jene Dinge nach, die sie noch nicht besäßen und seien ständig von der Furcht getrieben, nicht "den kürzesten Pfad zum Glück"[72] gefunden zu haben, so seine Einschätzung.

Der Traum von materiellem Reichtum findet seinen Ursprung im Puritanismus und der kalvinistischen Auffassung der Prädestination, welche wirtschaftlichen Erfolg bzw. Misserfolg als Zeichen der Erwählung bzw. Verdammnis Gottes wertet. So sahen die Puritaner den Beruf im Sinne einer Pflichterfüllung gegenüber Gott und propagierten eine als innerweltliche Askese verstandene Lebensweise, welche sich vor allem durch eine rastlose Arbeit und ein leistungsorientiertes Erfolgsdenken zeigte. Im gleichen Maße, wie die Puritaner die Ausübung eines Berufes zur Pflicht erhoben, erklärten sie damit verbundene Verhaltensweisen wie Fleiß, Eifer, Strebsamkeit, Betriebsamkeit und Sorgfalt zu obersten Tugenden und lehnten jede Form von Freizeit und Muße als Zeitverschwendung ab.[73] Max Weber sieht in dem indoktrinierten Erfolgsdenken des Puritanismus und der kalvinistischen Prädestinationslehre sogar die Wurzel des modernen Kapitalismus begründet. In seinem berühmten Werk *Die protestantische Ethik und der Geist des Kapitalismus* von 1904/05 kommt er zu dem Ergebnis, dass sich der Kapitalismus insbesondere durch eine Wirtschaftsgesinnung und rationale Lebensführung

---

[70] Zwar kann Erfolg je nach persönlicher Zielsetzung und Erwartung unterschiedlich definiert und z.B. mit Macht, Ruhm, spiritueller Erlösung oder dem Erreichen bestimmter Ideale gleichgesetzt werden, doch bedeutet Erfolg für die Mehrheit der Amerikaner materieller Reichtum. Vgl. beispielhaft Wyllie (1966): S. 3f. Für eine Untersuchung des amerikanischen Erfolgsdenkens vgl. Richard M. Huber: *The American Idea of Success*, New York, 1971; und Richard Weiss: *The American Myth of Success*, New York, 1969.
[71] Bryce (1888): S. 523.
[72] Tocqueville (1976): S. 625f.
[73] Vgl. Koch-Linde (1984): S. 13f. Ein eindrucksvolles Beispiel für die puritanische Berufsethik liefert Cotton Mather in seiner Abhandlung *A Christian at His Calling*, in der er die Vorzüge einer "occupation" als einer Absicherung gegen die Versuchungen des Teufels herausstellt. Vgl. Mather (1701): S. 41f.

auszeichne, wie sie für die protestantische Ethik des Kalvinismus und Puritanismus charakteristisch seien.[74]

Im Laufe des 18. Jahrhunderts nahm der religiöse Einfluss jedoch ab und es entstand ein zunehmend kapitalistischer Geist, der Geld und Gelderwerb nicht mehr als Mittel zum Zweck, sondern als Zweck an sich verstand. Weltlicher Erfolg erfuhr eine neue Wertschätzung und der *self-made man* entwickelte sich zur Kult- und Heldenfigur seiner Zeit.[75] Als Leitbild repräsentiert der self-made man die populäre Wunschvorstellung, durch Fleiß, harte Arbeit und einen ehrlichen, bodenständigen Charakter aus eigenen Kräften zu einem beachtlichen Vermögen kommen zu können.

Dieser Glaube an die individuellen Fähigkeiten des Einzelnen, verbunden mit der Vorstellung, unabhängig von äußeren Einflüssen selbstbestimmt zu Wohlstand zu gelangen, findet seinen Ausdruck in der Literatur des 19. Jahrhunderts. Unzählige *rags-to-riches*-Erzählungen verbreiten den Mythos vom Tellerwäscher zum Millionär und lassen jedermann von einem sozialen Aufstieg träumen. Ein prototypisches Beispiel jener Erfolgsliteratur liefert Horatio Alger. In seinen über einhundert Büchern schildert er in einer einfachen Formel den erfolgreichen Aufstieg von Jungen aus sozial benachteiligten Verhältnissen und verbreitet so eine Botschaft, die gleichermaßen verständlich wie bestechend ist: Wer hart arbeitet und ehrenwert handelt, wird am Ende durch Erfolg belohnt.[76] Alger greift hier auf ein Erfolgsrezept zurück, das bereits Benjamin Franklin, der *self-made man* par excellence[77], ein Jahrhundert zuvor in seinem berühmten *Poor Richard's Almanack* in Form einfacher Lebensweisheiten und Verhaltensmuster verkündete. So war Benjamin Franklin mutmaßlich der erste, der die Geschichte seines sozialen Aufstiegs erfolgreich vermarktete[78] und der mit seinem literarischen Werk die Vorlage jener *success literature* lieferte, welche sich im späten 19. und frühen 20. Jahrhundert großer Beliebtheit erfreute. Zusammen mit der *self-help*-Literatur mit so bezeichnenden Titeln wie *Practical Methods to Insure Success*, *What's Holding You*

---

[74] Vgl. Weber (2004), bes. S. 73-95 und S. 139-181 und Guttandin (1998), bes. S. 19-39 und S. 128-155. Weber beschäftigt sich insgesamt mit vier Glaubensbewegungen (Kalvinismus, Pietismus, Methodismus und den aus der Täuferbewegung hervorgegangenen Sekten) welchen eine gemeinsame protestantische Ethik zugrunde liege, die ihrerseits die religiöse Entstehungsgrundlage des Kapitalismus bilde.

[75] Vgl. Wyllie (1966): S. 13 oder Hearn (1977): S. 3. Das Konzept des *self-made man* stellt kein spezifisch amerikanisches Phänomen dar. Bereits im antiken Rom und Griechenland war es prinzipiell möglich, die soziale Leiter unabhängig von Klasse und Herkunft aufzusteigen. In Amerika schien die Chance des sozialen Aufstiegs jedoch allgemein höher, da hier persönliche Leistung wichtiger war als Abstammung. Vgl. hierzu sowie zur Geschichte des *self-made man* vgl. Irvin G. Wyllie: *The Self-Made Man in America*. New York 1966, bes. 8-33; und John G. Cawelti: *Apostles of the Self-Made Man*, Chicago, 1972, bes. 1-124.

[76] Algers Romane galten lange Zeit als Verkörperung des amerikanischen Traums in seiner reinsten Form, obwohl sie ihm streng genommen zuwiderlaufen. So sind es meist nicht Tugend und harte Arbeit, sondern schicksalhafte Fügungen und glückliche Umstände, welche den Protagonisten zum Erfolg verhelfen.

[77] Vgl. u.a. Koch-Linde (1984): S. 15, Wyllie (1966): S. 12 und Freese (1987): S. 110.

[78] Vgl. Koch-Linde (1984): S. 15.

18

Back? oder *Through Failure to Success*[79], gaben diese pseudo-wissenschaftlichen Erfolgsanleitungen Millionen von Menschen am Rand der Gesellschaft die Hoffnung auf eine bessere Zukunft, indem sie die Vereinigten Staaten als einen Ort beschrieben, an dem es jeder zu Berühmtheit und Reichtum bringen könne.[80]

Diese Vorstellung von Amerika als einem Land der unbegrenzten Möglichkeiten hat sich bis heute hartnäckig im amerikanischen Bewusstsein gehalten. So ist der Glaube an persönlichen Erfolg und das Streben nach materiellem Reichtum heute dominante Lesart des amerikanischen Traums. Zwar gibt dieser keine Garantie auf Erfolg, doch räumt er jedem Amerikaner das Recht ein, in der sozialen Hierarchie so weit aufzusteigen, wie es ihm sein persönlicher Einsatz und seine Fähigkeiten erlauben.

Wie problematisch die Machbarkeitsideologie des amerikanischen Traums ist, zeigt Hochschild in ihrer Arbeit *Facing up to the American Dream*. Der Autorin zufolge beruht der Erfolgsmythos auf vier Grundannahmen: (1) Der Annahme, dass jeder Amerikaner das Recht hat, am amerikanischen Traum teilzuhaben; (2) der Annahme, dass jeder in angemessener Weise mit Erfolg rechnen darf; der Annahme, (3) dass Erfolg das Ergebnis persönlichen Handelns und Wollens ist und daher der menschlichen Kontrolle unterliegt und (4) schließlich der Annahme, dass Erfolg mit tugendhaftem Verhalten assoziiert ist. Da jede dieser Prämissen jedoch zweifelhaft ist, muss auch das Konzept an sich hinterfragt werden, so die Studie.[81]

In der Tat gestalten sich die von Hochschild identifizierten Grundsätze bei näherem Hinsehen als äußerst fraglich. So sprechen etliche Indizien dafür, dass die soziale Mobilität in den Vereinigten Staaten im Vergleich zu anderen Industrienationen unter dem Durchschnitt liegt[82] und daher nicht jeder US-Bürger gleichermaßen am amerikanischen Traum partizipieren kann. Da die ersten zwei Annahmen jedoch auf der Prämisse der Chancengleichheit beruhen, müssen diese als falsch verworfen werden.[83] Als höchst problematisch erweisen sich jedoch insbesondere die dritte und vierte Annahme: Wenn Erfolg ausschließlich auf persönlichem Willen und Einsatz beruht, wie die dritte Annahme suggeriert, muss Misserfolg zwangsläufig als Charakterschwäche interpretiert werden. Guter Wille ist jedoch bestenfalls eine notwendige und keine ausrei-

---

[79] Vgl. Hearn (1977): S. 69-71.
[80] Vgl. Tebbel (1963): S. 14. Vgl. zu Horatio Alger John W. Tebbel: *From Rags to Riches: Horatio Alger, Jr., and The American Dream*. New York 1963, bes. S. 3-18.
[81] Vgl. im Folgenden Jennifer L. Hochschild: *Facing up to the American Dream*. Princeton, 1995, 18-37.
[82] Vgl. Werner (2003): S. 45.
[83] Vielmehr ist der amerikanische Traum von Beginn an sexistisch und rassistisch gewesen und hat Frauen sowie Afroamerikaner, Asiaten und indianische Ureinwohner weitgehend ausgeschlossen. Auch ist es bei einer Verknappung der Ressourcen zunehmend unwahrscheinlich, dass alle Menschen ihre Erfolgsträume verwirklichen können. Bis heute kann daher nur ein Drittel der amerikanischen Bevölkerung ernsthaft am Traum teilhaben.

chende Bedingung für individuellen Erfolg. Doch wer die Verantwortung für seine Er-
rungenschaften beanspruchen darf, muss dieser Logik zufolge auch die Verantwortung
für Fehlschläge tragen. Das Hauptproblem dieses Grundsatzes wird vor allem bei einer
Verknüpfung mit der vierten Annahme offensichtlich: Durch die Assoziation von Erfolg
mit Tugendhaftigkeit wird Misserfolg – ganz im Sinne des Puritanismus – mit unmorali-
schem Verhalten gleichgesetzt: "If success implies virtue, failure implies sin."[84] Dieser
Sachverhalt ist umso brisanter, als das amerikanische Gesellschafts- und Wirtschafts-
system auf der Prämisse der Ungleichheit beruht.[85] Da Misserfolge unvermeidbar und
im System bereits angelegt sind, ist die Gleichsetzung von Misserfolg und Sünde mo-
ralisch besonders verwerflich.

Trotz dieser Problematik hält sich die Vorstellung von den Vereinigten Staaten als einem "materialistic heaven"[86], und der Glaube an persönlichen Erfolg ist fester Bestandteil der amerikanischen Identität. So ist der Erfolgsmythos des amerikanischen Traums
zwar in erster Linie ein Mythos, doch ist dieser gesellschaftlich so anerkannt, dass er
den amerikanischen Alltag maßgeblich beeinflusst.

4. Traum oder Albtraum? Schlussbetrachtung und Ausblick

Zusammenfassend lässt sich feststellen, dass der Glaube an Freiheit und Gleichheit,
der Mythos der Frontier, das amerikanische Sendungsbewusstsein, die Vorstellung
des Verschmelzens von Kulturen zu einer vereinten Nation, sowie das Erfolgs- und
Leistungsdenken wesentliche Elemente des amerikanischen Traums darstellen. Sie alle lassen sich auf die mythische, religiöse oder politische Dimension des Mythos zu-
rückführen und sie alle beinhalten ein zentrales Versprechen.

Die vorliegende Arbeit hat gezeigt, dass der amerikanische Traum ein komplexes Ge-
füge mit mythischen, religiösen und politischen Wurzeln darstellt, welches von ver-
schiedenen Personen ganz individuell ausgelegt worden ist und heute noch wird. Als
vages Gebilde bietet der amerikanische Traum daher eine ideale Projektionsfläche für
die verschiedensten Wunschvorstellungen und Hoffnungen. Aus diesem Grund ist er in
seiner Anziehungskraft so mächtig, dass er sich bisher erfolgreich gegen sämtliche
Versuche der Entmythologisierung behauptet hat. Allerdings hat die Untersuchung e-
benfalls ergeben, dass der amerikanische Traum ein zwar faszinierendes, doch auch
kritisch zu hinterfragendes Konzept darstellt. Als Mythos ist er in der Lage, Menschen

---

[84] Hochschild (1995): S. 30.
[85] So setzt ein Gewinner immer auch einen Verlierer voraus; eine Hierarchie benötigt neben einer Spitze
auch eine Basis, und die Möglichkeit eines sozialen Aufstiegs erfordert gesellschaftliche Unterschiede.
[86] Tipple (1968): S. 13.

so stark in seinen Bann zu ziehen, dass diese zwischen Schein und Wirklichkeit nicht länger differenzieren können. Zudem ist er als gesamtkulturelles Phänomen so gegenwärtig, dass er sämtliche Gesellschaftsbereiche zu durchdringen und somit zu beeinflussen vermag.

Die Frage, ob der amerikanische Traum zu einem Albtraum verkommen ist, kann nicht abschließend beantwortet werden. Festzuhalten bleibt, dass der Mythos auch in Zukunft mit der Realität abgeglichen werden muss und weiterhin einer kritischen Betrachtung bedarf. Insofern fällt der Literatur auch weiterhin die Aufgabe zu, den Zeitgeist zu spiegeln und auf gesellschaftliche Missstände hinzuweisen.

21

Literaturverzeichnis

Adams, James Truslow. The Epic of America. 1931. Garden City: Blue Ribbon Books, 1941.

Adams, Willi Paul. Die USA vor 1900. 2. Aufl. München: Oldenbourg, 2009.

Berg, Manfred. "Der Mythos der Frontier und die amerikanische Identität." In: Mythen in der Geschichte. Hrsg. Helmut Altrichter, Klaus Herbers, Helmut Neuhaus. Freiburg im Breisgau: Rombach, 2004. 519-539.

Berkeley, George. "Verses on the Prospect of Planting Arts and Learning in America." 1752. In: American Poetry: The Seventeenth and Eighteenth Centuries. Hrsg. David S. Shields. New York: The Library of America, 2007. 346.

Besier, Gerhard; Lindemann, Gerhard. Im Namen der Freiheit: Die Amerikanische Mission. Göttingen: Vandenhoeck & Ruprecht, 2006.

Beverly, Robert. "The History and Present State of Virginia." 1703. In: The Norton Anthology of American Literature. Volume 1. 3. Aufl. Hrsg. Ronald Gottesman. New York [u.a.]: Norton, 1989. 262-280.

Billington, Ray Allen. Westward Expansion: A History of the American Frontier. New York: Macmillan, 1949.

Billington, Ray Allen. Land of Savagery Land of Promise. New York; London [u.a.]: Norton, 1981.

Blair, John. "Against American Exceptionalism: post-Colonial Perspectives on Irish Immigration." In: American Foundational Myths. Hrsg. Martin Heusser und Gudrun Grabher. Tübingen: Narr, 2002.

Brackenridge, Hugh Henry; Freneau, Philip Morin. A Poem, on the Rising Glory of America. Philadelphia: Printed by Joseph Crukshank, for R. Aitken, bookseller, opposite the London-Coffee-House, in Front-Street 1772. 1-27.

Bradford, William. "Of Plymouth Plantation." c. 1620-1647. In: The Norton Anthology of American Literature. Volume 1. 3. Aufl. Hrsg. Ronald Gottesman. New York [u.a.]: Norton, 1989. 50-80.

Brockhaus-Enzyklopädie: "El Dorado." In: Brockhaus-Enzyklopädie: in 30 Bänden. Band 7: Dieu - Emar. 21., völlig neu bearb. Aufl. Leipzig; Mannheim: Brockhaus, 2006. 672.

Brockhaus-Enzyklopädie: "Kanaan." In: Brockhaus-Enzyklopädie: in 30 Bänden. Band 14: Jen - Kinc. 21., völlig neu bearb. Aufl. Leipzig; Mannheim: Brockhaus, 2006. 362.

Brockhaus-Enzyklopädie: "Puritaner." In: Brockhaus-Enzyklopädie: in 30 Bänden. Band 22: Pot - Rens. 21., völlig neu bearb. Aufl. Leipzig; Mannheim: Brockhaus, 2006. 293-294.

Brockhaus-Enzyklopädie: "Unabhängigkeitserklärung." In: Brockhaus-Enzyklopädie: in 30 Bänden. Band 28: Trz - Verth. 21., völlig neu bearb. Aufl. Leipzig; Mannheim: Brockhaus, 2006. 310-312.

22

Bryce, James. The American Commonwealth. Volume II. London [u.a.]: Macmillan, 1888.

Carpenter, Frederic I. American Literature and the Dream. 2. Aufl. Freeport; New York: Books for Library Press, 1955.

Cawelti, John G. Apostles of the Self-Made Man. 3. Aufl. Chicago [u.a.]: University of Chicago Press, 1972.

Colombo, Cristoforo. Christoph Columbus: Bordbuch, Briefe, Berichte, Dokumente. Hrsg. Ernst Gerhard Jacob. Bremen: Schünemann, 1956.

Crèvecoeur, J. Hector St. John de. "Letters from an American Farmer." 1782. In: The Norton Anthology of American Literature. Volume 1. 3. Aufl. Hrsg. Ronald Gottesman. New York [u.a.]: Norton, 1989. 558-582.

Cullen, Jim. The American Dream: A Short History of an Idea That Shaped a Nation. Oxford [u.a.]: Oxford University Press, 2003.

Degler, Carl N. Out of Our Past: The Forces That Shaped Modern America. Rev. ed. New York [u.a.]: Harper & Row, 1970.

Die Bibel: Einheitsübersetzung der Heiligen Schrift. Altes und Neues Testament. Aschaffenburg: Pattloch-Verlag, 1980.

Dippel, Horst. "Declaration of Independence." In: USA-Lexikon: Schlüsselbegriffe zu Politik, Wirtschaft, Gesellschaft, Kultur, Geschichte und zu den deutschamerikanischen Beziehungen. Hrsg. Rüdiger B. Wersich. Berlin: Erich Schmidt, 1996. 218-219.

Dippel, Horst. Geschichte der USA. 7., aktualisierte Aufl. München: Beck, 2005.

Drayton, Michael. Poemes, Lyrick and Pastorall. [Repr. of the ed. Manchester, 1891] New York: Franklin, 1967. 29-31.

Freese, Peter. The American Dream and the American Nightmare. Universitätsverlag Paderborn, 1987.

Freese, Peter [Hrsg.] The American Dream, Humankind's Second Chance. 2. Aufl. Berlin; München: Langenscheidt-Longman, 2006.

Glazer, Nathan; Moynihan, Daniel Patrick. Beyond the Melting Pot: The Negroes, Puerto Ricans, Jews, Italians, and Irish of New York City. 2.Aufl. Cambridge [u.a.]: M.I.T. Press, 1970.

Greene, Jack P. The Intellectual Construction of America: Exceptionalism and Identity from 1492 to 1800. Chapel Hill [u.a.]: University of North Carolina Press, 1993.

Guttandin, Friedhelm: Einführung in die "Protestantische Ethik" Max Webers. Opladen [u.a.]: Westdeutscher Verlag, 1998.

Harris, William C. E Pluribus Unum: Nineteenth Century American Literature & the Constitutional Paradox. Iowa City: University of Iowa Press, 2005.

23

Heideking, Jürgen. "Melting Pot." In: USA-Lexikon: Schlüsselbegriffe zu Politik, Wirtschaft, Gesellschaft, Kultur, Geschichte und zu den deutsch-amerikanischen Beziehungen. Hrsg. Rüdiger B. Wersich. Berlin: Erich Schmidt, 1996. 461-462.

Hochschild, Jennifer L. Facing up to the American Dream: Race, Class, and the Soul of the Nation. 5. Aufl. Princeton: Princeton University Press, 1995.

Jefferson, Thomas. "Autobiography." 1821. In: The Norton Anthology of American Literature. Volume 1. 3. Aufl. Hrsg. Ronald Gottesman. New York [u.a.]: Norton, 1989. 638-644.

Jillson, Cal C. Pursuing the American Dream: Opportunity and Exclusion over four Centuries. Lawrence: University Press of Kansas, 2004.

Keil, Hartmut. Die Funktion des "American Dream" in der amerikanischen Gesellschaft. München, 1968. Inaugurial-Dissertation an der Universität München.

Koch-Linde, Birgitta. Amerikanische Tagträume: Success und Self-Help-Literatur der USA. Frankfurt/Main [u.a.]: Campus-Verlag, 1984.

Krakau, Knud. "Monroe Doctrine." In: USA-Lexikon: Schlüsselbegriffe zu Politik, Wirtschaft, Gesellschaft, Kultur, Geschichte und zu den deutsch-amerikanischen Beziehungen. Hrsg. Rüdiger B. Wersich. Berlin: Erich Schmidt, 1996. 479-480.

Kühnel, Walter. "Manifest Destiny." In: USA-Lexikon: Schlüsselbegriffe zu Politik, Wirtschaft, Gesellschaft, Kultur, Geschichte und zu den deutsch-amerikanischen Beziehungen. Hrsg. Rüdiger B. Wersich. Berlin: Erich Schmidt, 1996. 454-455.

Linder, Robert; Christadler, Martin. "Puritanism." In: USA-Lexikon: Schlüsselbegriffe zu Politik, Wirtschaft, Gesellschaft, Kultur, Geschichte und zu den deutsch-amerikanischen Beziehungen. Hrsg. Rüdiger B. Wersich. Berlin: Erich Schmidt, 1996. 619-621.

Locke, John. Two Treatises of Government. 1689. Hrsg. Peter Laslett. Cambridge [u.a.]: Cambridge University Press, 1996.

Mather, Cotton. A Christian at his Calling. Two Brief Discourses. One Directing a Christian in his General Calling; Another Directing him in his Personal Calling. Boston: B. Green & J. Allen, 1701.

Merk, Frederick. Manifest Destiny and Mission in American History: A Reinterpretation. New York: Vintage Books, 1966.

Morton, Thomas. "New English Canaan." c. 1637. In: The Norton Anthology of American Literature. Volume 1. 3. Aufl. Hrsg. Ronald Gottesman. New York [u.a.]: Norton, 1989. 22-30.

National Urban League. The State of Black America 2008. New York, 2008.

O'Sullivan, John L. "Annexation." The United States Democratic Review 17.85/86 (July/August 1845): 5-10.

O'Sullivan, John L. "The Great Nation of Futurity." The United States Democratic Review 6.23 (November 1839): 426-430.

24

Penn, William. "A Letter from William Penn, Proprietary and Governor of Pennsylvania in America, to the Committee of the Free Society of Traders of that Province, residing in London." 1683. In: Early American Writings. Hrsg. Carla Mulford. Oxford; New York [u.a.]: Oxford University Press, 2002. 592-599.

Perry, Ralph Barton. Puritanism and Democracy. New York: Vanguard Press, 1944.

Pole, Jack R. The Pursuit of Equality in American History. Berkeley [u.a.]: University of California Press, 1978.

Raeithel, Gert. Geschichte der nordamerikanischen Kultur. Band 1: Vom Puritanismus bis zum Bürgerkrieg: 1600 - 1860. Weinheim; Berlin: Quadriga, 1987.

Reichstein, Andreas. "Frontier." In: USA-Lexikon: Schlüsselbegriffe zu Politik, Wirtschaft, Gesellschaft, Kultur, Geschichte und zu den deutsch-amerikanischen Beziehungen. Hrsg. Rüdiger B. Wersich. Berlin: Erich Schmidt, 1996. 300-301.

Schneider, Thomas. "John Locke." In: Metzler-Philosophen-Lexikon: Von den Vorsokratikern bis zu den Neuen Philosophen. Hrsg. Bernd Lutz. Stuttgart [u.a.]: Metzler, 1989. 459-464.

Schwarz, John E. Illusions of Opportunity: The American Dream in Question. New York: W.W. Norton, 1997.

Shakespeare, William. The Tempest. 1611. Hrsg. David Lindley. Cambridge [u.a.]: Cambridge University Press, 2002.

Simonis, Annette. "Mythos." In: Metzler Lexikon Literatur- und Kulturtheorie: Ansätze - Personen - Grundbegriffe. Ed. Ansgar Nünning. 3. aktualis. und erw. Aufl. Stuttgart; Weimar: Metzler, 2004. 482-483.

Simonson, Harold Peter. The Closed Frontier: Studies in American Literary Tragedy. New York [u.a.]: Holt, Rinehart & Winston, 1970.

Slotkin, Richard. Gunfighter Nation: The Myth of the Frontier in Twentieth-Century America. New York: Atheneum [u.a.], 1992.

Slotkin, Richard. The Fatal Environment: The Myth of the Frontier in the Age of Industrialization 1800 - 1890. New York: Atheneum, 1985.

Smith, John. "The general History of Virginia, New England, and the Summer Isles." 1624. In: The Norton Anthology of American Literature. Volume 1. 3. Aufl. Hrsg. Ronald Gottesman. New York [u.a.]: Norton, 1989. 10-21.

Smith, John. Works. 1606. New York: AMS Press, 1967.

Stephanson, Anders. Manifest Destiny: American Expansionism and the Empire of Right. New York: Hill and Wang, 1995.

Tebbel, John W. From Rags to Riches: Horatio Alger, Jr., and The American Dream. New York: Macmillan, 1963.

Tocqueville, Alexis de. Über die Demokratie in Amerika. 1835/1840. Vollst. Ausg. München: Deutscher Taschenbuch-Verlag, 1976.

25

Turner, Frederick Jackson. "The Significance of the Frontier in American History." 1893. In: The Frontier Thesis: Valid Interpretation of American History? Hrsg. Ray Allen Billington. Malabar [u.a.]: Krieger, 1977. 9-20.

Tuveson, Ernest L. Redeemer Nation: The Idea of America's Millennial Role. 2nd. impr. Chicago [u.a.]: University of Chicago Press, 1974.

United States of America. "The Declaration of Independence." 1776. In: The Constitution of the United States of America and the Declaration of Independence. United States of America. Garden City: Doubleday, 1948. 9-20.

United States of America. "The Constitution of the United States of America." 1787. In: The Constitution of the United States of America and the Declaration of Independence. United States of America. Garden City: Doubleday, 1948. 21-61.

U.S. Census Bureau. Current Population Reports. *Income, Poverty, and Health Insurance Coverage in the United States: 2007.* (P60-235) U.S. Government Printing Office: Washington, 2008.

U.S. Department of Education, Institute of Education Sciences, National Center for Education Statistics. *The Condition of Education 2008.* (NCES 2008-031). Washington, 2008.

U.S. Department of Labor, Bureau of Labor Statistics. *The Employment Situation December 2008.* (USDL 09-0004). Washington, 2009.

Waechter, Matthias. Die Erfindung des Amerikanischen Westens. Die Geschichte der Frontier-Debatte. Freiburg im Breisgau: Rombach, 1996.

Weber, Max: Die protestantische Ethik und der Geist des Kapitalismus. 1904/05. Vollständige Ausgabe. Hrsg. Dirk Kaesler. München: Beck, 2004.

Weeks, William Earl. Building the Continental Empire: American Expansion from the Revolution to the Civil War. Chicago: Ivan R. Dee, 1996.

Weinberg, Albert K. Manifest Destiny: A Study of Nationalist Expansionism in American History. New York: Ams Press, 1979.

Wenzel, Uwe. "Segregation/Desegregation." In: USA-Lexikon: Schlüsselbegriffe zu Politik, Wirtschaft, Gesellschaft, Kultur, Geschichte und zu den deutsch-amerikanischen Beziehungen. Hrsg. Rüdiger B. Wersich. Berlin: Erich Schmidt, 1996. 655-657.

Werner, Welf. "Zurück in die Zeit des Great Gatsby? Änderungen in der amerikanischen Einkommensverteilung im späten 20. Jahrhundert." In: Wie viel Ungleichheit verträgt die Demokratie?: Armut und Reichtum in den USA. Hrsg. Winfried Fluck und Welf Werner. Frankfurt [u.a.]: Campus-Verlag, 2003. 23-46.

Wersich, Rüdiger B. "Civil Rights Acts." In: USA-Lexikon: Schlüsselbegriffe zu Politik, Wirtschaft, Gesellschaft, Kultur, Geschichte und zu den deutsch-amerikanischen Beziehungen. Hrsg. Rüdiger B. Wersich. Berlin: Erich Schmidt, 1996. 159-160.

White, Richard. "It's your misfortune and none of my own": A History of the American West. Norman [u.a.]: University of Oklahoma Press, 1991.

Whitney, Gleaves. "Woodrow Wilson." In: American Presidents: Farewell Messages to the Nation, 1796-2001. Lanham: Lexington Books, 2003. 365-369.

Winthrop, John. "A Model of Christian Charity." 1630. The Norton Anthology of American Literature. Hrsg. Ronald Gottesman. 3.Aufl. New York [u.a.]: Norton, 1989. 31-42.

Wright, Esmond; Oliver, Kendrick. A History of the United States of America. Volume I-II: The American Dream: from Reconstruction to Reagan. Cambridge [u.a.]: Cambridge University Press, 1997.

Wyllie, Irvin G. The Self-Made Man in America: The Myth of Rags to Riches. New York: The Free Press [u.a.], 1966.

Zangwill, Israel. The Melting-Pot. 1909. Project Gutenberg. 2007. http://www.gutenberg.org/etext/23893. 05.12.2008.

Lightning Source UK Ltd.
Milton Keynes UK
UKHW011321180621
385746UK00001B/9